Por que riem os Erês e gargalham os Exus?

Ademir Barbosa Júnior
(Dermes)

Por que riem os Erês e gargalham os Exus?

O bom humor na espiritualidade afro-brasileira

© 2015, Editora Anúbis

Revisão:
Tânia Hernandes

Ilustração da capa:
Miro Souza

Projeto gráfico e capa:
Edinei Gonçalves

Dados Internacionais de Catalogação na Publicação (CIP)
(Câmara Brasileira do Livro, SP, Brasil)

Barbosa Júnior, Ademir
  Porque riem os erês e gargalham os exus? : o bom humor na espiritualidade afro-brasileira / Ademir barbosa Júnior (Dermes) . -- São Paulo: Anúbis, 2015.

Bibliografia
ISBN 978-85-67855-29-5

1. Orixás 2. Erês (Umbanda) 3. Exus (Umbanda) 4. Umbanda (Culto) I. Título.

15-01855   CDD-299.60981

Índices para catálogo sistemático:
  1. Umbanda : Religião
       afro-brasileira   299.60981

São Paulo/SP – República Federativa do Brasil
Printed in Brazil – Impresso no Brasil

Este livro segue as novas regras do Acordo Ortográfico da Língua Portuguesa.

Os direitos de reprodução desta obra pertencem à Editora Anúbis. Portanto, não é permitida a reprodução total ou parcial desta obra, de qualquer forma ou por qualquer meio eletrônico, mecânico, inclusive por meio de processos xerográficos, incluindo ainda o uso da internet, sem a permissão expressa por escrito da Editora (Lei nº 9.610, de 19.2.98).

Distribuição exclusiva
Aquaroli Books
Rua Curupá, 801 – Vila Formosa – São Paulo/SP
CEP 03355-010 – Tel.: (11) 2673-3599
atendimento@aquarolibooks.com.br

Impressão e acabamento: Mark Press Brasil

sumário

Prece de Cáritas 9
Hino de Umbanda 11
Pai Nosso Umbandista 13
Credo Umbandista 15
Salmo 23 na Umbanda 17
Introdução 19

Por Que Riem os Erês e Gargalham os Exus?

O Tempo é Relativo 24
Contexto 25
Coreografia 27
Cabeça Feita................... 28

Incrível Hulk 30

Mão Fechada 31

Piada 32

Aulas de Inglês 33

Cavalo 34

Aprendizado.................. 35

Desobsessão Involuntária 36

Reconhecimento................ 37

Doce que Escreve 38

Escolaridade................... 39

Preto-Velho High Tech I........... 40

Caboclo High Tech II............ 41

Família........................ 42

Estábulo...................... 43

Cigano 44

Ogum Xoroquê ou de Ronda? 45

Identidade 46

Consulta...................... 47

Ebômi 48

Efeito Cascata 49

Imortalidade................... 50

 Por que riem os Erês e gargalham os Exus?

Surra de Santo 51
Funções 52
Defumação..................... 53
Peso e Medida 54
Só no Sapatinho 55
Sabedoria 56
Pela Ordem 57
Ori........................... 58
Amarração..................... 59
Referências.................... 60
Medo 61
Bolão 63
Palmas 64
Organização................... 65
Mãe: Advogada 66

Anexos

1. Umbanda 69
   Significados 69
   Histórico 70
2. Candomblé..................... 85

Definições 85
Nações mais Conhecidas 89
Formação 93
Primeiros Terreiros 98
3. Oralidade e as Religiões de Matriz
Africana 103

Prece de Cáritas

DEUS, nosso Pai, que sois todo poder e bondade, dai força àquele que passa pela provação; dai a luz àquele que procura a verdade, pondo no coração do homem a compaixão e a caridade.

Deus, dai ao viajor a estrela guia; ao aflito, a consolação; ao doente, o repouso. Pai, dai ao culpado o arrependimento; ao espírito, a verdade; à criança, o guia; ao órfão, o pai.

Senhor, que a vossa bondade se estenda sobre tudo o que criaste.

Piedade, Senhor, para aqueles que não vos conhecem; esperança para aqueles que sofrem.

Que a vossa bondade permita aos espíritos consoladores derramarem por toda parte a paz, a esperança e a fé.

Deus, um raio, uma faísca do Vosso Amor pode abrasar a Terra.

Deixa-nos beber nas fontes dessa bondade fecunda e infinita e todas as lágrimas secarão, todas as dores acalmar-se-ão.

Um só coração, um só pensamento subirá até Vós como um grito de reconhecimento e amor.

Como Moisés sobre a montanha, nós Vos esperamos com os braços abertos.

Oh! Poder... Oh! Bondade... Oh! Beleza... Oh! Perfeição... E queremos de alguma sorte alcançar a Vossa Misericórdia.

Deus, dai-nos a força de ajudar o progresso a fim de subirmos até Vós.

Dai-nos a caridade pura; dai-nos a fé e a razão; dai-nos a simplicidade que fará de nossas almas o espelho onde deve refletir a Vossa Santa e Misericordiosa Imagem.

Hino de Umbanda

Refletiu a luz divina
em todo seu esplendor;
é do Reino de Oxalá
onde há Paz e Amor.

Luz que refletiu na terra,
luz que refletiu no mar,
luz que veio de Aruanda
para tudo iluminar.

A Umbanda é Paz e Amor,
é um mundo cheio de luz...
é a força que nos dá vida
e à grandeza nos conduz.

Avante, filhos de fé
como a nossa Lei não há...
levando ao mundo inteiro
a bandeira de Oxalá.

Pai Nosso Umbandista

Pai nosso que estás nos céus, nas matas, nos mares e em todos os mundos habitados.

Santificado seja o teu nome, pelos teus filhos, pela natureza, pelas águas, pela luz e pelo ar que respiramos.

Que o teu reino, reino do bem, do amor e da fraternidade, nos una a todos e a tudo que criaste, em torno da sagrada cruz, aos pés do Divino Salvador e Redentor.

Que a tua vontade nos conduza sempre para o culto do Amor e da Caridade.

Dá-nos hoje e sempre a vontade firme para sermos virtuosos e úteis aos nossos semelhantes.

Dá-nos hoje o pão do corpo, o fruto das matas e a água das fontes para o nosso sustento material e espiritual.

Perdoa, se merecermos, as nossas faltas e dá-nos o sublime sentimento do perdão para os que nos ofendem.

Não nos deixes sucumbir, ante a luta, dissabores, ingratidões, tentações dos maus espíritos e ilusões pecaminosas da matéria.

Envia, Pai, um raio de tua Divina complacência, Luz e Misericórdia para os teus filhos pecadores que aqui habitam, pelo bem da humanidade.

Que assim seja, em nome de Olorum, Oxalá e de todos os mensageiros da Luz Divina.

Credo Umbandista

Creio em Deus, onipotente e supremo.
Creio nos Orixás e nos Espíritos Divinos que nos trouxeram para a vida por vontade de Deus. Creio nas falanges espirituais, orientando os homens na vida terrena.
Creio na reencarnação das almas e na justiça divina, segundo a lei do retorno.
Creio na comunicação dos Guias Espirituais, encaminhando-nos para a caridade e para a prática do bem.
Creio na invocação, na prece e na oferenda, como atos de fé e creio na Umbanda, como religião redentora, capaz de nos levar pelo caminho da evolução até o nosso Pai Oxalá.

16 Por que riem os Erês e gargalham os Exus?

Salmo 23 na Umbanda

Oxalá é meu Pastor, nada me faltará.
Deitar-me faz nos verdes campos de Oxóssi.
Guia-me, Pai Ogum, mansamente nas águas tranquilas de Mãe Nanã Buruquê.
Refrigera minha alma meu Pai Obaluaê.
Guia-me, Mãe Iansã, pelas veredas da Justiça de Xangô.
Ainda que andasse pelo Vale das Sombras e da Morte de meu Pai Omulu, eu não temeria mal algum, porque Zambi está sempre comigo.
A tua vara e o teu cajado são meus guias na direita e na esquerda.

Consola-me, Mamãe Oxum.

Prepara uma mesa cheia de Vida perante mim, minha Mãe Iemanjá.

Exu e Pombagira, vos oferendo na presença de meus inimigos.

Unge a minha coroa com o óleo consagrado a Olorum, e o meu cálice, que é meu coração, transborda.

E certamente a bondade e a misericórdia de Oxalá estarão comigo por todos os dias.

E eu habitarei na casa dos Orixás, que é Aruanda, por longos dias!

Que assim seja!

SARAVÁ!

Introdução

Há diversos livros sobre Espiritualidade e bom humor em diversos segmentos religiosos ou espiritualistas. Este livro é uma pequena contribuição para o riso consciente, saboroso, e não para o bullying ou para se apontar o dedo. O objetivo é rir *com*, e não rir *de*.

Em várias narrativas, aparece o personagem Bocão, primo-irmão de Maria Eudóxia, personagem de meus livros *A Bandeira de Oxalá* (São Paulo: Nova Senda, 2013) e *Umbanda – O caminho das pedras* (São Paulo: Anúbis, 2015). Sempre alerto nos bate-papos com leitores que não se deve procurar quem é a Eudóxia (agora, o Bocão) em seu templo religioso, mas observar a si mesmo para não ser a Maria Eudóxia (ou o Bocão) para os outros.

O humor é um ótimo caminho espiritual para quem, como eu, quando teve uma breve passagem pelo Candomblé, recebeu o nome iniciático (*orunkó*, no Ketu; *dijina*, no Angola) de Obasiré (lê-se "Obaxirê"), isto é, "o rei da brincadeira" ou "o rei da festa", em virtude das molecagens que eu fazia no ilê.

Em tempo, além de motivados pela alegria, os Erês riem também para descarregar os médiuns, tranquilizar e suavizar os que falam com ele, harmonizar o ambiente etc.

Já os Exus e as Pombogiras gargalham não apenas por alegria. Suas gostosas gargalhadas são também potentes mantras desagregadores de energias deletérias, emitidos com o intuito de equilibrar especialmente pessoas e ambientes.

Se rir é o melhor remédio, que este livro colabore para a cura das pequenas e grandes dores de cada leitor.

Axé!

Ademir Barbosa Júnior
(Dermes)[1]

---

1. Presidente da Associação Brasileira dos Escritores Afro--religiosos (Abeafro).

Por Que Riem os Erês e Gargalham os Exus?

O Tempo é Relativo

No jardim do terreiro[2], os médiuns conversavam sobre energia e questões respiratórias. Um deles, conhecedor do assunto, citou algumas colocações de Osho[3] e Patanjali[4].

Bocão, que acompanhava a conversa disse bruscamente: "Ah, eu sabia isso tudo antes desse tal de Patango!!!".

O médium, sorrindo, respondeu: "Por isso você está tão conservado, meu irmão. Nem aparenta a idade que tem...".

---

2. Um dos nomes mais populares para um templo religioso na Umbanda, no Candomblé e outros.
3. Controvertido guru indiano (1931-1990).
4. Compilador dos célebres Yoga Sutra, Patanjali viveu entre 200 e 400 a. C.

Contexto

Havia um médium que não levava para as giras[5] os charutos pedidos por seu Baiano, mas apenas um charutinho. O cambone já lhe havia avisado, em particular.

Numa gira, o Baiano e o cambone tentaram fazer o charuto "funcionar". Depois de aceso, o Baiano lhe pediu para dar uma *batidinha*. Concentrado no charuto, o cambone deu umas batidinhas no charuto, ao que ele lhe disse: "Não, aquela batidinha de beber!".[6]

O álcool serve de verdadeiro combustível para a magia, além de limpar e descarregar, seja organismos ou pontos de pemba ou pólvora, por exemplo. Ingerido sem a influência do animismo, permanece quantidade reduzida no organismo do médium e mesmo do consulente.

---

5. Nome mais conhecido de uma sessão religiosa pública de Umbanda.
6. Orixás, Guias e Guardiões têm bebidas próprias, algumas delas, alcoólicas.

Por diversas circunstâncias, tais como disciplina, para médiuns menores de idade e/ou que não consumam álcool ou lhes tenham intolerância, seus Orixás, Guias e Guardiões não consumirão álcool.

Em algumas casas, o álcool é utilizado apenas em oferendas ou deixado próximo ao médium incorporado.

Coreografia

Qual o terreiro em que o(a) dirigente espiritual não colocou uma toalha na boca, simulando tossir, ou fingiu beber um copo d´água, olhando para o altar, para disfarçar o riso provocado por alguma dancinha exótica na assistência no momento da defumação?

cabeça Feita

A equede[7] adolescente explica à mãe carnal e à ialorixá[8] que um seu amigo havia sido preso porque lhe haviam feito a cabeça. Um Ogã[9] mais velho, que ouvia a conversa, retrucou: "Sua mãe também fez minha cabeça e nem por isso fui preso, menina!".

---

7. Equedes são correspondentes femininas aos Ogãs do Candomblé, responsáveis por cuidar das vestes dos Orixás, por enxugar o rosto de iaôs em festas públicas etc. O vocábulo vem do iorubá "èkeji", com o sentido de "acompanhante". Em casas de Umbanda com forte influência dos Cultos de Nação ou ditas cruzadas, muitas vezes também encontram-se as equedes.
8. Dirigente espiritual feminino. Mãe de Santo. As traduções mais próximas para os termos babalóòrisá e ìyálorìsa seriam pai ou mãe-no-santo, contudo o uso popular consagrou pai ou mãe-de-santo. Para evitar equívocos conceituais e/ou teológicos, alguns sacerdotes utilizam-se do termo zelador ou zeladora de santo.
9. Ogãs ou Ogans: Homens que não entram em transe, mas possuem diversas funções num terreiro, sendo a mais conhecida o toque. O contexto da narrativa é de uma casa de Candomblé. Por sua vez, na Umbanda relaciona-se à curimba, dedicando-se ao toque e ao canto. Muitas das atribuições dos ogãs nos cultos de Nação são atribuídas na Umbanda aos cambones.

Muitos ogãs, desde crianças, demonstram incrível habilidade para o toque, aperfeiçoando o dom no dia a dia do terreiro. Contudo, existem também cursos especializados para todos aqueles, homens e mulheres, que desejem aprender a tocar e a cantar pontos de Umbanda, podendo ou não atuar num terreiro.

O ogã é um médium de sustentação, de firmeza durante os rituais, deve estar atento ao andamento da gira, a fim de, por meio do toque e do canto, manter a vibração necessária e desejada. Em algumas casas, o ogã também é médium de incorporação, dedicando-se a ambas as atividades (em especial nas casas em que existam poucos médiuns), ou à curimba, incorporando apenas em determinadas ocasiões.

Há casas de Umbanda em que há, conforme os dons mediúnicos e suas responsabilidades, os chamados ogãs de frente (com responsabilidades de segurança de gira, dentre outras funções), ogã de corte (não necessariamente para sacrifício ritual, mas sim para preparo de comidas de Santo) e outros.

Incrível Hulk

O médium, quando criança, achava que o incrível Hulk nada mais era do que um Caboclo incorporado no médium David Banner.[10]

---

10. Referência à série exibida na tevê norte-americana de 1978 a 1982, largamente exibida no Brasil ainda hoje. O franzino David Banner (Bill Bixby), em situações de emergência, transformava-se em Hulk (Lou Ferrigno), que auxiliava os necessitados, protegendo-os de ações maléficas, utilizando sua força para o bem. Outras versões cinematográficas trazem "Hulks" de bom coração, contudo muito violentos.

Mão Fechada

Dizem maliciosamente nos terreiros que os filhos de Xangô são tão sovinas que o Orixá até dança com as mãos fechadas...[11]

---

11. Como Xangô se apresenta com as mãos fechadas, por segurar física ou simbolicamente um oxê (machado), ou até mesmo dois, ou representar os raios por ele lançados (certamente com a contrapartida etérea), faz-se a associação jocosa.

Piada

Bocão, sempre olhando a vida alheia nas redes sociais, pela madrugada, viu num grupo de amizade inter-religiosa, um padre perguntar a um seu irmão se ele era "piá de Santo"[12].

O irmão respondeu: "Sim, sou filho do Templo de Umbanda X.".

Desejoso de mostrar serviço, Bocão espalhou no terreiro que o irmão se apresentava como "pai de Santo"[13].

Na pressa de fofocar, confundiu "piá" com "pai", embora na resposta do irmão também constasse a palavra "filho".

"Pai"... "piá"... Claro que a história virou piada... Afinal, passarinho que muito pia...

---

12. Em algumas regiões do Sul do Brasil, "piá" é "filho", "criança".
13. Veja-se o comentário sobre "ialorixá", numa narrativa anterior. "Santo" é sinônimo popular para Orixá masculino. O mesmo vale para "Santa" (Orixá feminino).

Aulas de Inglês

A criançada, depois das aulas de inglês, passou a saudar os Caboclos assim: "Ok, Caboclo!"[14].

---

14. Uma das saudações mais conhecidas para Caboclos é "Okê, Caboclo!" Daí a confusão entre "Okê" e "Ok" por parte das crianças.

Cavalo

Dizia o dirigente espiritual aos médiuns que não saudavam o altar nem se cumprimentavam: "Não é porque somos cavalos[15] que temos de dar coice, minha gente!".

---

15. Médium, aparelho. Além do paralelismo com o vocábulo "burro", ainda empregado em algumas regiões, encontra-se em quimbundo o termo "kavalu", com o significado de "amigo". Outras fontes apontam a expressão "esin òrisà" (cavalo de Orixá), como os médiuns do Benim são conhecidos, no ramo nagô-iorubá, como a origem do vocábulo com o sentido de "médium", no Brasil.

Aprendizado

De tipo caladão, mas sempre de bom humor, o médium, um dos alvos principais das fofocas de Bocão, um dia declarou ao Caboclo-Chefe da casa: "Além de ser errado desejar que alguém morra, é melhor lidar com Bocão em vida mesmo, pai. Ela desencarna e ainda vem obsidiar a gente, em casa. Já pensou? Acho que estou evoluindo mais rápido convivendo com ele, Pai!".

O Caboclo riu e pediu que tivesse paciência.

Desobsessão Involuntária

Há quem reclame tanto, mas tanto, que nem espírito obsessor[16] consegue ficar mais perto...

---

16. Espírito de pouca luz, perturbador, com pequenas ou grandes ações prejudiciais.

Reconhecimento

Dizia um mais-velho: "Trabalhe na Espiritualidade sem esperar reconhecimento. Em primeiro lugar, porque a caridade assim pede. Em segundo lugar, porque, para muita gente, reconhecimento é o que se faz na delegacia ou no IML.".

Doce que Escreve

O erezinho sempre pedia o doce que escreve. Os cambones ficavam meio perdidos até entender que ele falava do suspiro, que lembra a pemba[17] utilizada para lá da metade.

---

17. Espécie de giz com que se desenham pontos riscados, com ela são feitos cruzamentos e outros procedimentos. Para diversos fins, é utilizada também a pemba em pó. Do quicongo "mpemba" ("giz"), com correspondente quimbundo "pemba" ("cal").

Escolaridade

Em todos os eventos relativos às religiões de matriz africana em que, numa ficha de cadastro, tinha de preencher a escolaridade, a dirigente espiritual escrevia: "Cursando o Ensino Médium".

Preto-Velho High Tech I

Na cidade, era famoso o Preto-Velho que ditava a quem tomava passe o celular de seu cavalo: "Zin nove, zin zero...".[18]

---

18. Sabemos que a Espiritualidade possui conhecimentos muito mais avançados que os nossos, contudo o episódio é exemplo de "marmota"/ "marmotagem". Em linhas gerais, trata-se de atitudes extravagantes que fogem aos fundamentos das religiões de matriz africana. A marmotagem não deve ser confundida com a diversidade de elaboração e expressão de fundamentos religiosos. Exemplos de marmotagem: simulação de incorporação; Pombogira fazendo compras em shopping center; baianos e boiadeiros bebendo em barracas de praia durante festa de Iemanjá; Caboclo ensinando filho-de-santo a usar máquina fotográfica durante uma gira; Preto-velho passando número de celular de médium para consulente etc.

 Por que riem os Erês e gargalham os Exus?

Caboclo High Tech II

Na mesma cidade, também era famoso o Caboclo que tomava as máquinas digitais das mãos dos médiuns e os ensinava a usar: "Echa, fio, echa regula aqui etc.".[19]

---
19. Idem ao Preto-Velho High Tech.

Família

O dirigente espiritual sempre dizia que os solteiros poderiam ajudar mais nas organizações das festas porque tinham menos compromissos em casa.

Um dia, um médium ficou agastado e respondeu: "Pai, me desculpe, mas, se continuar assim, vou continuar solteiro. Além disso, não tenho filhos, mas sou filho...".

Estábulo

No terreiro em que baixava o cavalo de São Jorge e um exu-burro, que zurrava e coiceava, a preocupação do chefe dos cambones era o que servir às entidades.[20]

---

20. Marmotagem, evidentemente, e possível boa-fé dos cambones. "Burro" é nome com que algumas casas de Umbanda, e mesmo Guias, chamam os médiuns ou aparelhos, em paralelismo com o termo "cavalo".

Cigano

O médium havia comprado para seu Cigano um lenço de cabeça com moedinhas nas bordas (feminino). Quando o cambone entregou o lenço ao Cigano, este retirou as moedinhas uma a uma e disse ao cambone: "Diga ao meu cavalo que ele é, não eu...".

Ogum Xoroquê ou de Ronda?

O médium de um terreiro, dizendo-se incorporado com Ogum Xoroquê, pegou uma moto e saiu em disparada. Na verdade, não seria nem Ogum Xoroquê nem Ogum de Ronda, mas Ogum de Honda.[21]

---

21. Marmotagem? Sem comentários...

Identidade

A iabassê[22] estava sem paciência e disse para a iaô[23]: "Você não me atrase em nada, menina, que hoje não estou católica!".[24]

A iaô botou as mãos na cintura, ergueu o queixo e respondeu: "Pois eu também não, minha velha: eu sou candomblecista...".

---

22. Responsável no preparo dos alimentos sagrados.
23. No Candomblé, médium iniciante. O vocábulo deriva do iorubá "iyàwó", com o sentido de "recém-casada" ou "esposa mais jovem", o que reforça a ideia de que, independente de gênero, o desenvolvimento e/ou a iniciação espiritual demanda receptividade (aspecto da energia do feminino). Por influência dos Cultos de Nação, por vezes o termo é também empregado em algumas casas de Umbanda.
24. Popularmente, quando alguém não se sente bem, independentemente de segmento religioso, diz-se que não está "católico(a)". Note-se o termo utilizado como sinônimo de "bem", "correto", "equilibrado". No caso das religiões de matriz africana, observe-se, ainda e dentre outros exemplos, o tempo em que, após a iniciação no Candomblé (feitura de Santo), o indivíduo ia à missa para não levantar suspeitas sobre sua filiação religiosa.

Consulta

Após jogar os búzios, o Babalaô[25] pergunta ao consulente: "Meu filho, você tem problemas com irmãos?".

Ao que ele respondeu: "Tenho não, senhor. O único irmão que tenho... paramos de conversar faz vinte anos...".

---

25. O sacerdote de Ifá é o Babalaô ("Pai do segredo"; não confundir com o Babalaô de Umbanda, sinônimo de dirigente espiritual ou babá.).

Ebômi[26]

A ebômi, quase centenária, sempre dizia: "Ave Maria! Agora, para falar com meus amigos mais antigos, só mesmo psicografia, mesa branca, médium de transporte etc. Todo mundo já cufou[27]. Só falta eu...".

---

26. Ebômi (Egbomi): Quem já cumpriu o período de sete anos da iniciação. Significa "meu irmão mais velho".
27. Cufar: ir aunló, desencarnar. Vocábulo também utilizado em algumas casas de Umbanda, por influência dos Cultos de Nação. "Ir aunló" pode também significar que Orixás, Guias e Guardiões vão desincorporar.

Efeito Cascata

O médium, ao final da gira, procurou seus "crocs" brancos no quartinho, mas ninguém sabia onde estavam. Será que alguém teria levado por engano? Mas só ele calçava 43...

Quase indo embora descalço, de carona, aparece uma médium que havia levado os "crocs" por engano. Pediu mil desculpas, disse que percebeu o engano (O número dela era 36...), o marido a trouxe de volta etc.

Então, perguntou ao dono do "crocs": "E minha rasteirinha, você viu? Não está em lugar algum...".

Imortalidade

"Tenha paciência!", pedia o babalorixá a um iaô. "Lembre-se do velho provérbio: 'Enu eja pa eja' ('O peixe morre pela boca.'). Uma hora ele vai aprender, mesmo que pela dor, o quanto é doloroso fazer fofoca.

"O senhor tem razão, meu pai! O peixe morre mesmo pela boca, mas é que Bocão já é meio imortal e meio lenda urbana de tanta fofoca que espalha..."

Surra de Santo[28]

"A melhor surra de Santo para os filhos preguiçosos", dizia o dirigente espiritual, "é ter saúde e vir trabalhar no terreiro toda semana."

---

28. Surra de Santo ou Couro: choque energético causado pela incompatibilidade entre a energia do Orixá, Guia ou Guardião e seu médium, o que pode ocasionar mal estar e, por exemplo, queda de médium já experiente e coroado (com determinadas obrigações feitas) no momento da desincorporação. Por vezes, ocorre o afastamento temporário (principalmente na incorporação) por parte de Orixás, Guias e Guardiões em virtude da incompatibilidade vibratória ocasionada por determinadas posturas do médium. A isso se dá o nome popular de "dar as costas".

Funções

O velho sacerdote adorava repetir: "Duas coisas que sempre gostei de fazer numa casa de Santo: lavar copos e firmar[29]. Lavar copos, quando eu era camboninho, me ajudava a manter a concentração, em especial nos pontos cantados. Firmar até hoje me lembra de que até um fósforo pode ajudar a iluminar uma sala.".

---

29. No contexto, fazer firmeza, ou seja, acender velas.

Defumação

O menino de cinco anos dizia à mãe, nos dias de inverno, antes de a família ir para a gira: "Não precisa de banho, mãe, tem defumação...".

Peso e Medida

O filho de Xangô[30], cuja roupa de Santo já estava bem justa, dizia, sorrindo: "Às vezes engordo para caber em mim de tanta alegria...".

---

30. Costuma-se dizer que filhos de Xangô são gulosos ou engordam facilmente. Alguns atribuem a *gourmandise*, quando existe, à filiação ao Orixá, confundindo hábitos com o arquétipo do Orixá.

só no sapatinho

Os filhos, vendo a desenvoltura da ialorixá no salão de bailes, comentavam, orgulhosos: "Sendo filha de Iansã d´Balé[31], só podia mesmo gostar de dançar...".

---

31. Iansã Igbale ou d´Balé é uma qualidade de Iansã que caminha com o Orixá Obaluaê. Naturalmente, aqui, trata-se de um trocadilho.

sabedoria

A ebômi dizia às iaôs: "Apontar o dedo? Só se for para mostrar o caminho...".

E, sem perceber, enfiava o dedo no nariz.

Pela Ordem

O coordenador do grupo de jovens do terreiro explicava: "Como sempre fazemos estudos inter-religiosos, todos conhecem a célebre frase do Gênesis[32]: 'Crescei e multiplicai-vos!'. Eu só peço que cresçam primeiro e se multipliquem depois...".

---

32. Primeiro livro da Bíblia (Antigo Testamento).

Ori[33]

"É preciso fortalecer o Ori.", dizia o babalorixá[34]. "Para bater cabeça, em todos os sentidos, no terreiro ou na parede, é preciso ao menos ter uma."

---

33. A cabeça humana, na tradição iorubá, receptáculo do conhecimento e do espírito, tão importante que cada Orixá tem seu Ori. É alimentado, como no caso do Bori, a fim de manter-se equilibrado.
Trata-se, ainda, da consciência presente em toda a natureza e seus elementos, guiada pelo Orixá (força específica).
Bori é o ritual de alimentar a cabeça, o Ori (Vimos anteriormente que o Ori é tão importante como qualquer dos Orixás.), para a iniciação religiosa, para equilíbrio, tomada de decisões, harmonização com os Orixás etc.
Em iorubá, *borí* pode ser traduzido como cultuar a cabeça de alguém.
O Ori é um terreno onde os caminhos se cruzam:
Oju Ori– Testa
Icoco Ori – Nuca
OpáOtum – Lado Direito
Opá Ossi – Lado Esquerdo
34. Dirigente espiritual masculino. Essa forma, de influência dos Cultos de Nação, é pouco empregada na Umbanda, onde, porém, também utilizada indistintamente para homens e mulheres.

Amarração[35]

O dirigente espiritual sempre explicava em palestras que as religiões de matriz africana não fazem amarração, pois isso fere o livre-arbítrio. Um dia, um homem o parou na rua e perguntou se era possível fazer um trabalho[36] para uma moça gostar dele.

O filho adolescente do dirigente espiritual, antes que o pai falasse, impaciente, respondeu: "Moço, não tem jeito não. O senhor é muito feio... Não há Santo que consiga...".

---

35. Prática não condizente com as religiões de matriz africana, que forçaria alguém a permanecer emocionalmente atado a outrem mesmo que sem vontade própria, ferindo-se, assim, o livre-arbítrio.
36. No caso, oferenda ritual com fins negativos, portanto, não condizente com as religiões de matriz africana.

Referências

Um cambone mais antigo explicava para outro que, quando viesse o erezinho[37] de determinado médium, seria necessário tirar-lhe a prótese, pois o erezinho se sentiria mais à vontade. O cambone mais novo perguntou: "Mas como ele vai morder os doces?".

"Como assim?", disse o cambone mais velho.

"A boca, para tirar a prótese..."

"Puxa, desculpe, você é novo e eu me esqueci. Pensei que você soubesse que o médium tem um braço mecânico..."

"Ah... Como sou protético, pensei logo em prótese dentária..."

---

37. Cosminho, criança do plano espiritual, erê.

Medo

O professor de História entrou na sala de aula e ouviu uma aluna dizendo para a outra: "Eu fico quietinha na aula de Literatura... Você viu o colar de coquinho do professor? Deve ser macumbeiro[38]...".

---

38. Nome genérico e geralmente pejorativo com que se refere às religiões afro-brasileiras, macumba foi também uma manifestação religiosa, no Rio de Janeiro, que em muito se aproximava da cabula. O chefe do culto também era conhecido como embanda, umbanda ou quimbanda, tendo como ajudantes cambonos ou cambones. As iniciadas eram conhecidas ora como filhas-de-santo (influência jeje-nagô), ora como médiuns (influência do espiritismo). Orixás, Inquices, Caboclos e santos católicos eram alinhados em falanges ou linhas, como a da Costa, de Umbanda, de Quimbanda, de Mina, de Cambinda, do congo, do Mar, de Caboclo, Cruzada e outros.
De origem banta, porém com étimo controvertido, macumba poderia advir do quimbundo "macumba", plural de "dikumba", significando "cadeado" ou "fechadura", em referência aos rituais de fechamento de corpo. Ou ainda viria do quicongo "macumba", plural de "kumba", com o sentido de "prodígios", "fatos miraculosos", em referência a cumba, feiticeiro. Com outras raízes etimológicas, no Brasil, o vocábulo designou, ainda, um tipo de reco-reco e um jogo de azar.

O professor de História explicou, então, que o professor de Literatura, seu amigo pessoal e novo na escola, era umbandista e que talvez o colar nem fosse de cunho espiritual, abordou os estereótipos e preconceitos etc.

Durante o intervalo, contou o episódio ao professor de Literatura, que, gracejando, respondeu: "Puxa, por isso são calminhos na aula... Mas agora você quebrou o encanto! Na próxima aula, vão atear fogo nas cortinas...".

Para dissociar-se do sentido pejorativo, o vocábulo macumba tem sido utilizado nas artes em geral com valor positivo. O marco mais recente é o CD "Tecnomacumba", da cantora maranhense Rita Benneditto.

Bolão

Em todos os eventos públicos na cidade, os filhos de Santo faziam um bolão de dinheiro imaginário para saber se a ialorixá, quando chegasse, cumprimentaria a todos ou, soberba, diria primeiro aos filhos: "Onde eu me troco?".
Os abiãs[39] sempre perdiam a aposta.

---

39. Abiã (Abian): Novato. É a pessoa que entra para a religião após ter passado pelo ritual de lavagem de contas e pelo bori. Poderá ser iniciada ou não, vai depender de o Orixá pedir a iniciação.

Palmas

Bocão reclamava que os médiuns batiam paó[40] muito alto para saudar a tronqueira[41], o peji[42] etc. Sempre perguntava: "Nossa, precisa ser tão alto? Alguém aqui é surdo?".

Um dia, inconformada e cansada dos comentários, uma médium, respondeu, entre dentes, para a outra: "Eu devia era dar um tapa na cara dele, pra ver se Bocão se iluminava[43]... Valei-me, meu Pai!".

---

40. Em linhas gerais, bater palmas em sinal de saudação e respeito. As formas variam da Umbanda para o Candomblé, mesmo entre casas dessas religiões.
41. Trata-se de local de firmeza, logo à entrada do terreiro, para o Exu guardião da casa, mais conhecido como Exu da Porteira, pois seu nome verdadeiro só é conhecido pela alta hierarquia do terreiro. Em algumas casas, a tronqueira fica atrás do congá e, por vezes, se confunde com a Casa dos Exus, tendo à frente do terreiro o que se chama popularmente de tronqueirinha ou casinha.
42. Nesse contexto, altar.
43. Na tradição Zen, diz-se que o tapa do Mestre pode fazer o discípulo se iluminar. Na cerimônia do Crisma (Igrejas Católicas de vários segmentos), o bispo dá um leve tapinha do rosto no crismando.

Organização

O dirigente espiritual sempre dizia: "Quando eu morrer, aviso antes. Vocês sabem, não gosto de liturgia mal organizada...".

Mãe: Advogada

A dirigente espiritual, insensível, disse que o menino era "retardado".

A mãe e o menino sumiram do terreiro.

Anos depois, a mãe e a dirigente espiritual se encontraram na rua. A dirigente perguntou à mãe como estava o menino. Resposta: "Continua 'retardado'. Não é que, agora, virou dirigente espiritual...".

Anexos

1. Umbanda

Significados

Em linhas gerais, etimologicamente, Umbanda é vocábulo que decorre do Umbundo e do Quimbundo, línguas africanas, com o significado de "arte de curandeiro", "ciência médica", "medicina". O termo passou a designar, genericamente, o sistema religioso que, dentre outros aspectos, assimilou elementos religiosos afro-brasileiros ao espiritismo urbano (Kardecismo).[44]

---

44. Embora não seja consenso o uso do termo "Kardecismo" como sinônimo de "Espiritismo", ele é aqui empregado por ser mais facilmente compreendido.

Quanto ao sentido espiritual e esotérico, Umbanda significa "luz divina" ou "conjunto das leis divinas". A magia branca praticada pela Umbanda remontaria, assim, a outras eras do planeta, sendo denominada pela palavra sagrada Aumpiram, transformada em Aumpram e, finalmente, Umbanda.

De qualquer maneira, houve quem tivesse anotado, durante a incorporação do Caboclo das Sete Encruzilhadas anunciando o nome da nova religião, o nome "Allabanda", substituído por "Aumbanda", em sânscrito, "Deus ao nosso lado", ou "O que está ao lado de Deus".

Histórico

Este é um breve histórico do nascimento oficial da Umbanda, embora, antes da manifestação do Caboclo das Sete Encruzilhadas e do trabalho de Zélio Fernandino, houvesse atividades religiosas semelhantes ou próximas, no que se convencionou chamar de macumba[45].

No Astral, a Umbanda antecipa-se em muito ao ano de 1908 e diversos segmentos localizam sua origem terrena em civilizações e continentes que já desapareceram.

Zélio Fernandino de Moraes, um rapaz de 17 anos que se preparava para ingressar na Marinha, em 1908 começou a ter aquilo que a família, residente em Neves, no Rio de Janeiro, considerava ataques. Os supostos ataques colocavam o rapaz na postura de um velho, que parecia ter vivido em outra época e dizia coisas incompreensíveis para os familiares; noutros momentos, Zélio parecia uma espécie de felino que demonstrava conhecer bem a natureza.

Após minucioso exame, o médico da família aconselhou que fosse ele atendido por um padre, uma vez que considerava o rapaz

---

45. termo aqui não possui obviamente conotação negativa.

possuído. Um familiar achou melhor levá-lo a um centro espírita, o que realmente aconteceu: no dia 15 de novembro, Zélio foi convidado a tomar assento à mesa da sessão da Federação Espírita de Niterói, presidida à época por José de Souza.

Tomado por força alheia à sua vontade e infringindo o regulamento que proibia qualquer membro de ausentar-se da mesa, Zélio levantou--se e declarou: "Aqui está faltando uma flor.".

Deixou a sala, foi até o jardim e voltou com uma flor, que colocou no centro da mesa, o que provocou alvoroço. Na sequência dos trabalhos, manifestaram-se nos médiuns espíritos apresentando-se como negros escravos e índios.

O diretor dos trabalhos, então, alertou os espíritos sobre seu atraso espiritual, como se pensava comumente à época, e convidou-os a se retirarem. Novamente uma força tomou Zélio e advertiu: "Por que repelem a presença desses espíritos, se sequer se dignaram a ouvir suas mensagens? Será por causa de suas origens sociais e da cor?".

    Durante o debate que se seguiu, procurou-se doutrinar o espírito, que demonstrava argumentação segura e sobriedade. Um médium vidente, então, lhe perguntou: "Por que o irmão fala nestes termos, pretendendo que a direção aceite a manifestação de espíritos que, pelo grau de cultura que tiveram, quando encarnados, são claramente atrasados? Por que fala deste modo, se estou vendo que me dirijo neste momento a um jesuíta e a sua veste branca reflete uma aura de luz? E qual o seu nome, irmão?".

    Ao que o interpelado respondeu: "Se querem um nome, que seja este: sou o Caboclo das Sete Encruzilhadas, porque para mim, não haverá caminhos fechados. O que você vê em mim, são restos de uma existência anterior. Fui padre e o meu nome era Gabriel Malagrida. Acusado de bruxaria, fui sacrificado na fogueira da Inquisição em Lisboa, no ano de 1761. Mas em minha última existência física, Deus concedeu-me o privilégio de nascer como Caboclo brasileiro.".

A respeito da missão que trazia da Espiritualidade, anunciou: "Se julgam atrasados os espíritos de pretos e índios, devo dizer que amanhã estarei na casa de meu aparelho, às 20 horas, para dar início a um culto em que estes irmãos poderão dar suas mensagens e, assim, cumprir a missão que o Plano Espiritual lhes confiou. Será uma religião que falará aos humildes, simbolizando a igualdade que deve existir entre todos os irmãos, encarnados e desencarnados.".

Com ironia, o médium vidente perguntou-lhe: "Julga o irmão que alguém irá assistir a seu culto?".

O Caboclo das Sete Encruzilhadas lhe respondeu: "Cada colina de Niterói atuará como porta-voz, anunciando o culto que amanhã iniciarei.". E concluiu: "Deus, em sua infinita Bondade, estabeleceu que na morte, a grande niveladora universal, rico ou pobre, poderoso ou humilde, todos se tornariam iguais, mas vocês, homens preconceituosos, não contentes em estabelecer diferenças entre os vivos, procuram levar essas mesmas diferenças até mesmo além da barreira da morte. Por que não podem nos visitar esses humildes trabalhadores do espaço, se apesar de não haverem sido pessoas socialmente importantes na Terra, também trazem importantes mensagens do além?".

No dia seguinte, 16 de novembro, na casa da família de Zélio, à rua Floriano Peixoto, 30, perto das 20 horas, estavam os parentes mais próximos, amigos, vizinhos, membros da Federação Espírita e, fora da casa, uma multidão.

Às 20 horas manifestou-se o Caboclo das Sete Encruzilhadas e declarou o início do novo culto, no qual os espíritos de velhos escravos, que não encontravam campo de atuação em outros cultos africanistas, bem como de indígenas nativos do Brasil trabalhariam em prol dos irmãos encarnados, independentemente de cor, raça, condição social e credo.

No novo culto, encarnados e desencarnados atuariam motivados por princípios evangélicos e pela prática da caridade.

O Caboclo das Sete Encruzilhadas também estabeleceu as normas do novo culto: as sessões seriam das 20 horas às 22 horas, com atendimento gratuito e os participantes uniformizados de branco. Quanto ao nome, seria Umbanda: Manifestação do Espírito para a Caridade.

A casa que se fundava teria o nome de Nossa Senhora da Piedade, inspirada em Maria, que recebeu os filhos nos braços. Assim, a casa receberia todo aquele que necessitasse de ajuda e conforto. Após ditar as normas, o Caboclo respondeu a perguntas em latim e alemão formuladas por sacerdotes ali presentes. Iniciaram-se, então, os atendimentos, com diversas curas, inclusive a de um paralítico.

No mesmo dia, manifestou-se em Zélio um Preto-Velho chamado Pai Antônio, o mesmo que havia sido considerado efeito da suposta loucura do médium.

Com humildade e aparente timidez, recusava-se a sentar-se à mesa, com os presentes, argumentando: "Nêgo num senta não, meu sinhô, nêgo fica aqui mesmo. Isso é coisa de sinhô branco e nêgo deve arrespeitá.". Após insistência dos presentes, respondeu: "Num carece preocupá, não. Nêgo fica no toco, que é lugá de nêgo.".[46]

Continuou com palavras de humildade, quando alguém lhe perguntou se sentia falta de algo que havia deixado na Terra, ao que ele respondeu: "Minha cachimba. Nêgo qué o pito que deixou no toco. Manda mureque buscá.".

Solicitava, assim, pela primeira vez, um dos instrumentos de trabalho da nova religião. Também foi o primeiro a solicitar uma guia, até hoje usada pelos membros da Tenda, conhecida carinhosamente como Guia de Pai Antônio.

---

46. Certamente trata-se de um convite à humildade, e não de submissão e dominação racial.

No dia seguinte, houve verdadeira romaria à casa da família de Zélio. Enfermos encontravam a cura, todos se sentiam confortados, médiuns até então considerados loucos encontravam terreno para desenvolver os dons mediúnicos.

O Caboclo das Sete Encruzilhadas dedicou-se, então, a esclarecer e divulgar a Umbanda, auxiliado diretamente por Pai Antônio e pelo Caboclo Orixá Malê, experiente na anulação de trabalhos de baixa magia.

No ano de 1918, o Caboclo das Sete Encruzilhadas recebeu ordens da Espiritualidade para fundar sete tendas, assim denominadas: Tenda Espírita Nossa Senhora da Guia, Tenda Espírita Nossa Senhora da Conceição, Tenda Espírita Santa Bárbara, Tenda Espírita São Pedro, Tenda Espírita Oxalá, Tenda Espírita São Jorge e Tenda Espírita São Jerônimo. Durante a encarnação de Zélio, a partir dessas primeiras tendas, foram fundadas outras 10 mil.

Mesmo não seguindo a carreira militar, pois o exercício da mediunidade não lhe permitira, Zélio nunca fez da missão espiritual uma profissão. Pelo contrário, chegava a contribuir financeiramente, com parte do salário, para as tendas fundadas pelo Caboclo das Sete Encruzilhadas, além de auxiliar os que se albergavam em sua casa. Também por conselho do Caboclo, não aceitava cheques e presentes.

Por determinação do Caboclo, a ritualística era simples: cânticos baixos e harmoniosos, sem palmas ou atabaques, sem adereços para a vestimenta branca e, sobretudo, sem corte (sacrifício de animais). A preparação do médium pautava-se pelo conhecimento da doutrina, com base no Evangelho, banhos de ervas, amacis e concentração nos pontos da natureza.

Com o tempo e a diversidade ritualística, outros elementos foram incorporados ao culto, no que tange ao toque, canto e palmas, às vestimentas e mesmo a casos de sacerdotes umbandistas que passaram a dedicar-se integralmente ao culto, cobrando, por exemplo, pelo jogo de búzios onde o mesmo é praticado, porém sem nunca deixar de atender àqueles que não podem pagar pelas consultas.

Mas as sessões permanecem públicas e gratuitas, pautadas pela caridade, pela doação dos médiuns. Algumas casas, por influência dos Cultos de Nação, praticam o corte, contudo essa é uma das maiores diferenças entre a Umbanda dita tradicional e as casas que se utilizam de tal prática.

Depois de 55 anos à frente da Tenda Nossa Senhora da Piedade, Zélio passou a direção para as filhas Zélia e Zilméa, continuando, porém, a trabalhar juntamente com sua esposa, Isabel (médium do Caboclo Roxo), na Cabana de Pai Antônio, em Boca do Mato, em Cachoeira de Macacu, no Rio de Janeiro.

Zélio Fernandino de Moraes faleceu no dia 03 de outubro de 1975, após 66 anos dedicados à Umbanda, que muito lhe agradece.

 Por que riem os Erês e gargalham os Exus?

Embora chamada popularmente de religião de matriz africana, na realidade, a Umbanda é um sistema religioso formado de diversas matrizes, com diversos elementos cada:

Matrizes	Elementos mais conhecidos
Africanismo	Culto aos Orixás, trazidos pelos negros escravos, em sua complexidade cultural, espiritual, medicinal, ecológica etc. e culto aos Pretos-Velhos.
Cristianismo	Uso de imagens, orações e símbolos católicos. A despeito de existir uma Teologia de Umbanda, própria e característica, algumas casas vão além do sincretismo, utilizando-se mesmo de dogmas católicos.[47]

---

47. Há, por exemplo, casas de Umbanda com fundamentos teológicos próprios, enquanto outras rezam o terço com os mistérios baseados nos dogmas católicos e/ou se utilizam do Credo Católico, onde se afirma a fé na Igreja Católica (Conforme indicam Guias, Entidades e a própria etimologia, leia-se "católica" como "universal", isto é, a grande família humana.), na Comunhão dos Santos, na ressurreição da carne, dentre outros tópicos da fé católica. Isso em nada invalida a fé, o trabalho dos Orixás, das Entidades, das Egrégoras de Luz formadas pelo espírito, e não pela letra da recitação amorosa e com fé do Credo Católico.

Matrizes	Elementos mais conhecidos
Indianismo	Pajelança; emprego da sabedoria indígena ancestral em seus aspectos culturais, espirituais, medicinais, ecológicos etc.; culto aos Caboclos indígenas ou de pena.
Kardecismo	Estudo dos livros da Doutrina Espírita, bem como de sua vasta bibliografia; manifestação de determinados espíritos e suas Egrégoras, mais conhecidas no meio Espírita, como os médicos André Luiz e Bezerra de Menezes. Utilização de imagens e bustos de Allan Kardec, Bezerra de Menezes e outros; estudo sistemático da mediunidade; palestras públicas.
Orientalismo	Estudo, compreensão e aplicação de conceitos como prana, chacra e outros; culto à Linha Cigana – que em muitas casas vem, ainda, em linha independente, dissociada da chamada Linha do Oriente.

Por seu caráter ecumênico, de flexibilidade doutrinária e ritualística, a Umbanda é capaz de reunir elementos os mais diversos, como os sistematizados.

Mais adiante, ao se tratar das Linhas da Umbanda, veremos que esse movimento agregador é incessante: como a Umbanda permanece de portas abertas aos encarnados e aos espíritos das mais diversas origens étnicas e evolutivas, irmãos de várias religiões chegam aos seus templos em busca de saúde, paz e conforto espiritual, bem como outras falanges espirituais juntam-se à sua organização.

Aspectos da Teologia de Umbanda	
Monoteísmo	Crença num Deus único (Princípio Primeiro, Energia Primeira etc.), conhecido principalmente como Olorum (influência iorubá) ou Zâmbi (influência Angola).
Crença nos Orixás	Divindades/ministros de Deus, ligadas a elementos e pontos de força da natureza, orientadores dos Guias e das Entidades, bem como dos encarnados.
Crença nos Anjos	Enquanto figuras sagradas (e não divinas) são vistas ou como seres especiais criados por Deus (Influência do Catolicismo.), ou como espíritos bastante evoluídos (Influência do Espiritismo/Kardecismo.).

Aspectos da Teologia de Umbanda

Crença em Jesus Cristo	Vindo na Linha de Oxalá e, por vezes, confundido com o próprio Orixá, Jesus é visto ou como Filho Único e Salvador (Influência do Catolicismo/do Cristianismo mais tradicional.), ou como o mais evoluído dos espíritos que encarnaram no planeta, do qual, aliás, é governador (Influência do Espiritismo/Kardecismo.).
Crença na ação dos espíritos	Os espíritos, com as mais diversas vibrações, agem no plano físico. A conexão com eles está atrelada à vibração de cada indivíduo, razão pela qual é necessário estar sempre atento ao "Orai e vigiai." preconizado por Jesus.
Crença nos Guias e nas Entidades	Responsáveis pela orientação dos médiuns, dos terreiros, dos consulentes e outros, sua atuação é bastante ampla. Ao auxiliarem a evolução dos encarnados, colaboram com a própria evolução.
Crença na reencarnação	As sucessivas vidas contribuem para o aprendizado, o equilíbrio e a evolução de cada espírito.
Crença na Lei de Ação e Reação	Tudo o que se planta, se colhe. A Lei de Ação e Reação é respaldada pelo princípio do livre-arbítrio.
Crença na mediunidade	Todos somos médiuns, com dons diversos (de incorporação, de firmeza, de intuição, de psicografia etc.).

2. Candomblé

Definições

Candomblé é um nome genérico que agrupa o culto aos Orixás jeje-nagô, bem como outras formas que dele derivam ou com eles se interpenetram, as quais se espraiam em diversas nações.

Trata-se de uma religião constituída, com teologia e rituais próprios, que cultua um poder supremo, cujos poder e alcance se fazem espiritualmente mais visíveis por meio dos Orixás.

Sua base é formada por diversas tradições religiosas africanas, destacando-se as da região do Golfo da Guiné, desenvolvendo-se no Brasil a partir da Bahia.

O Candomblé não faz proselitismo e valoriza a ancestralidade, tanto por razões históricas (antepassados africanos) quanto espirituais – filiação aos Orixás, cujas características se fazem conhecer por seus mitos e por antepassados históricos ou semi-históricos divinizados.

Embora ainda discriminado pelo senso comum e atacado por diversas denominações religiosas que o associam à chamada baixa magia, o Candomblé tem cada vez mais reconhecida sua influência em diversos setores da vida social brasileira, dentre outros, a música (percussão, toques, base musical etc.), a culinária (Pratos da cozinha-de-santo que migraram para restaurantes e para as mesas das famílias brasileiras.) e a medicina popular (Fitoterapia e outros).

O Candomblé não existia em África tal qual o conhecemos, uma vez que naquele continente o culto aos Orixás era segmentado por regiões (Cada região e, portanto, famílias/clãs cultuavam determinado Orixá ou apenas alguns.).

No Brasil, os Orixás tiveram seus cultos reunidos em terreiros, com variações, evidentemente, assim como com interpenetrações teológicas e litúrgicas das diversas nações.

Embora haja farta bibliografia a respeito do Candomblé, e muitas de suas festas sejam públicas e abertas a não iniciados, trata-se de uma religião iniciática, com ensino-aprendizagem pautado pela oralidade, com conteúdo exotérico (de domínio público) e esotérico (Segredos os mais diversos transmitidos apenas aos iniciados.).

Conforme sintetiza Vivaldo da Costa Lima,

[...] a filiação nos grupos de candomblé é, a rigor, voluntária, mas nem por isso deixa de obedecer aos padrões mais ou menos institucionalizados das formas de apelo que determinam a decisão das pessoas de ingressarem, formalmente num terreiro de candomblé, através dos ritos de iniciação. Essas formas de chamamento religioso se enquadram no

universo mental das classes e estratos de classes de que provêm a maioria dos adeptos do candomblé, e são, geralmente, interpretações de sinais que emergem dos sistemas simbólicos culturalmente postulados. Sendo um sistema religioso – portanto uma forma de relação expressiva e unilateral com o mundo sobrenatural – o candomblé, como qualquer outra religião iniciática, provê a circunstância em que o crente poderá, satisfazendo suas emoções e suas outras necessidades existenciais, situar-se plenamente num grupo socialmente reconhecido e aceito, que lhe garantirá status e segurança – que esta parece ser uma das funções principais dos grupos de candomblé – dar a seus participantes um sentido para a vida e um sentimento de segurança e proteção contra 'os sofrimentos de um mundo incerto'.

Nações mais Conhecidas

Quando se refere ao Candomblé, o vocábulo Nação, como bem observa Nei Lopes, refere-se às:

> *unidades de culto, caracterizadas pelo conjunto de rituais peculiares aos indivíduos de cada uma das divisões étnicas que compunham, real ou idealizadamente, a massa dos africanos vindos para as Américas.*

A Nação Ketu, com suas características de culto aos Orixás e aos antepassados, talvez seja a mais conhecida do grande público. Muito contribuíram para isso diversas manifestações culturais, como a Literatura (Jorge Amado e João Ubaldo Ribeiro, dentre outros) e a Música (Vinicius de Moraes, Baden Powell, Chico Buarque etc.).

Segundo Nei Lopes, Ketu era:

antigo reino da África ocidental cujo território foi cortado em dois pela fronteira Nigéria-Benin, estabelecida pelo colonialismo europeu. Não obstante, a região de Mèko, no lado nigeriano, ainda é vista como parte dele e o alákétu, governante tradicional, ainda a visita em sua cerimônia de posse. O povo Ketu é um subgrupo dos Iorubás, e seu ancestral, segundo a tradição, é o segundo filho de Oduduwa. O Reino de Ketu era um dos seis reinos que constituíam a confederação chamada pelos Hauçás de Bansa bokoï, em contraposição aos seus Hausa bokoï. A tradição relata que esses reinos foram fundados por seis irmãos, numa lenda análoga à da criação dos Estados hauçás.

Baseado na herança das religiões bantas, o chamado rito angola engloba essencialmente o cerimonial congo e cabinda. Além dos Inquices, costumam ser cultuados também Orixás, Voduns, Vunjes (espíritos infantis) e Caboclos. Tocam-se atabaques com as mãos, sendo os ritmos predominantes cabula, congo e barravento ou muzenza. As cantigas possuem termos ou trechos em português.

O Candomblé Angola disseminou-se em quase todo o Brasil, em virtude da afluência e da inserção dos bantos no país. Bastante receptivo a influências do Catolicismo e das religiões ameríndias, no final do século passado, em alguns estados, passou a receber nomes característicos, tais como Cabula (Espírito Santo), Macumba (Rio de Janeiro) e Candomblé de Caboclo (Bahia). Também a influência jeje-nagô fez-se presente nesses cultos.

A Nação Jeje caracteriza-se pelo culto aos Voduns do Reino do antigo Daomé (mitologia fon) trazidos para o Brasil pelos escravos de várias regiões da África Ocidental e África Central.

Os diversos grupos étnicos daomeanos (como fon, ewe, fanti, ashanti, mina), em solo brasileiro, eram chamados "djedje" (Do iorubá "ajeji", significando "estrangeiro", "estranho".).

Os primeiros templos da Nação Jeje foram organizados na Bahia e no Maranhão, estendendo-se, posteriormente para outros estados brasileiros.

Conforme a origem, a Nação Jeje divide-se em diversos segmentos: Jeje-Mahi, Jeje Daomé, Jeje Savalu, Jeje Modubi, Jeje Mina (Tambor-de-mina), Jeje-Fanti-Axanti.

No Jeje Mahi, por exemplo, são cultuados Voduns relacionados aos Orixás, com origem de culto na África, e da região Mahi. Por outro lado, Eguns e Voduns com vida terrena, como os reis do Daomé, não são cultuados. Cultuam-se os antepassados por meio do Vodum Ayizan, na região do Mahi, mulher de Legba e ligada a terra, à morte e aos ancestrais. Os Voduns Jeje-Mahi são, portanto, antepassados míticos. Representa essa Nação o Vodum Gbesen (Bessém).

No Brasil, a africana Ludovina Pessoa, de Mahi, segundo a tradição, foi escolhida pelos Voduns para fundar três terreiros: o Zòogodo Bogum Malé Hundò (Terreiro do Bogum), para Heviossô; o Zòogodo Bogum Malé Seja Undè (Kwe Seja Undê), para Dã; o terceiro, não se sabe onde, para Ajunsun Sakpata.

No Jeje Modubi cultuam-se os Akututos (Eguns), reinando aí o Vodum Azonsu.

Formação

O Culto aos Orixás, pelos africanos no Brasil, tem uma longa história de resistência e sincretismo, que, impedidos de cultuar os Orixás, valiam-se de imagens e referências católicas para manter viva a sua fé.

Por sua vez, a combinação de cultos que deu origem ao Candomblé, deveu-se ao fato de serem agregados numa mesma propriedade (E, portanto, na mesma senzala.) escravos provenientes de diversas nações, com línguas e costumes diferentes – certamente uma estratégia dos senhores brancos para evitar revoltas, além de uma tentativa de fomentar rivalidades entre os próprios africanos. Vale lembrar que em África o culto aos Orixás era segmentado por regiões: cada região cultuava determinado Orixá ou apenas alguns.

Em 1830, algumas mulheres originárias de Ketu, na Nigéria, filiadas à irmandade de Nossa Senhora da Boa Morte, reuniram-se para estabelecer uma forma de culto que preservasse as tradições africanas em solo brasileiro. Reza a tradição e documentos históricos que tal reunião aconteceu na antiga Ladeira do Bercô (Hoje, Rua Visconde de Itaparica.), nas proximidades da Igreja da Barroquinha, em Salvador (BA). Nesse grupo, e com o auxílio do africano Baba-Asiká, destacou-se Íyànàssó Kalá ou Oká (Iya Nassô). Seu òrúnkó no Orixá (nome iniciático) era Íyàmagbó-Olódùmarè.

Para conseguir seu intento, essas mulheres buscaram fundir aspectos diversos de mitologias e liturgias, por exemplo. Uma vez distantes da África, a Ìyá ìlú àiyé èmí (Mãe Pátria Terra da Vida), teriam de adaptar-se ao contexto local, não cultuando necessariamente apenas Orixás locais (Caraterísticos de tribos, cidades e famílias específicas.) em espaços amplos, como a floresta, cenário de muitas iniciações, porém num espaço previamente estabelecido: a casa de culto. Nessa reprodução em miniatura da África, os Orixás seriam cultuados em conjunto. Nascia o Candomblé.

Ao mesmo tempo em que designava as reuniões feitas por escravos com o intuito de louvar os Orixás, a palavra Candomblé também era empregada para toda e qualquer reunião ou festa organizada pelos negros no Brasil. Por essa razão, antigos Babás e Iyas evitavam chamar o culto aos Orixás de Candomblé.

Em linhas gerais, Candomblé seria uma corruptela de "candonbé" (Atabaque tocado pelos negros de Angola.) ou viria de "candonbidé" (Louvar ou pedir por alguém ou por algo.).

Cada grupo com características próprias teológicas, linguísticas e de culto, embora muitas vezes se interpenetrem, ficou conhecido como nação:

- Nação Ketu;
- Nação Angola;
- Nação Jeje;
- Nação Nagô;
- Nação Congo;
- Nação Muxicongo;
- Nação Efon.

Constituída por grupos que falavam iorubá, dentre eles os de Oyó, Abeokutá, Ijexá, Ebá e Benim, a Nação Ketu também é conhecida como Alaketu.

Os iorubás, guerreando com os jejes, em África, perderam e foram escravizados, vindo mais adiante para o Brasil. Maltratados, foram chamados pelos fons de ànagô (Dentre várias acepções, piolhentos, sujos.). O termo, com o tempo, modificou-se para nàgó e foi incorporado pelos próprios iorubás como marca de origem e de forma de culto. Em sentido estrito, não há uma nação política chamada nagô.

Em linhas gerais, os Candomblés dos estados da Bahia e do Rio de Janeiro ficaram conhecidos como de Nação Ketu, com raízes iorubanas. Entretanto, existem variações em cada nação. No caso do Ketu, por exemplo, destacam-se a Nação Efan e a Nação Ijexá. Efan é uma cidade da região de Ijexá, nas proximidades de Oxogbô e do rio Oxum, na Nigéria. A Nação Ijexá é conhecida pela posição de destaque que nela possui o Orixá Oxum, sua rainha.

No caso do Candomblé Jeje, por exemplo, uma variação é o Jeje Mahin, sendo Mahin uma tribo que havia nas proximidades da cidade de Ketu. Quanto às Nações Angola e Congo, seus Candomblés se desenvolveram a partir dos cultos de escravos provenientes dessas regiões africanas.

De fato, a variação e o cruzamento de elementos de Nações não são estanques, como demonstram o Candomblé Nagô-Vodum, o qual sintetiza costumes iorubás e jeje, e o Alaketu, de nação iorubá, também da região de Ketu, tendo como ancestrais da casa Otampé, Ojaró e Odé Akobí.

Primeiros Terreiros

A primeira organização de culto aos Orixás foi a da Barroquinha (Salvador– BA), em 1830, semente do Ilê Axé Iya Nassô Oká, uma vez que foi capitaneada pela própria Iya Nassô, filha de uma escrava liberta que retornou à África.

Posteriormente, foi transferida para o Engenho Velho, onde ficou conhecida como Casa Branca ou Engenho Velho. Ainda no século XIX, dela originou-se o Candomblé do Gantois e, mais adiante, o Ilê Axé Opô Afonjá.

Entre 1797 e 1818, Nan Agotimé, rainha-mãe de Abomé, teria trazido o culto dos Voduns jejes para a Bahia, levando-os a seguir para São Luís (MA). Traços da presença daomeana teriam permanecido no Bogum, antigo terreiro jeje de Salvador, o qual ostenta, ainda, o vocábulo "malê", bastante curioso, uma vez que o termo refere-se ao negro do Islã. Antes mesmo do Bogum, há registros de um terreiro jeje, em 1829, no bairro hoje conhecido como Acupe de Brotas.

Tumbensi é a casa de Angola considerada a mais antiga da Bahia, fundada por Roberto Barros Reis (dijina: Tata Kimbanda Kinunga) por volta de 1850, escravo angolano de propriedade da família Barros Reis, que lhe emprestou o nome pelo qual era conhecido.

Após seu falecimento, a casa (inzo) passou à liderança de Maria Genoveva do Bonfim, mais conhecida como Maria Neném (dijina: Mam´etu Tuenda UnZambi) gaúcha, filha de Kavungo, considerada a mais importante sacerdotisa do Candomblé Angola. Ela assumiu a chefia da casa por volta dos anos 1909, vindo a falecer em 1945.

Já o Tumba Junçara foi fundado, em 1919 em Acupe, na Rua Campo Grande, Santo Amaro da Purificação (BA) por dois irmãos de esteira: Manoel Rodrigues do Nascimento (dijina: Kambambe) e Manoel Ciríaco de Jesus (dijina: Ludyamungongo), ambos iniciados em 13 de junho de 1910 por Mam'etu Tuenda UnZambi, Mam'etu Riá N'Kisi do Tumbensi.

Kambambe e Ludyamungongo tiveram Sinhá Badá como Mãe Pequena e Tio Joaquim como Pai Pequeno. O Tumba Junçara foi transferido para Pitanga, também em Santo Amaro da Purificação, e posteriormente para o Beiru.

A seguir foi novamente transferido para a Ladeira do Pepino, 70, e finalmente para Ladeira da Vila América, 2, Travessa 30, Avenida Vasco da Gama (Que hoje se chama Vila Colombina.),

30, em Vasco da Gama, Salvador (BA). E assim a raiz foi-se espalhando.

O histórico das primeiras casas de Candomblé e outras formas de culto marginalizadas pelo poder constituído (Estado, classes economicamente dominantes, Igreja etc.), como a Umbanda no século XX, assemelha-se pela resistência à repressão institucionalizada e ao preconceito.

3. Oralidade e as Religiões de Matriz Africana

A oralidade é bastante privilegiada no Candomblé, tanto para a transmissão de conhecimentos e segredos (os awós) quanto para a aprendizagem de textos ritualísticos. Nesse contexto, entre cantigas e rezas, que recebem nomes diversos conforme a Nação, destacam-se os itãs e os orikis.

Itãs são relatos míticos da tradição iorubá, notadamente associados aos 256 odus (16 odus principais X 16).

Na definição de Nei Lopes, oriki é uma:

Espécie de salmo o cântico de louvor da tradição iorubá, usualmente declamado ao ritmo de um tambor, composto para ressaltar atributos e realizações de um orixá, um indivíduo, uma família ou uma cidade. [...]

Enquanto gênero, o oriki é constantemente trazido da oralitura para a literatura, sofrendo diversas alterações. Uma delas é o chamado ori-kai, termo cunhado por Arnaldo Xavier, citado por Antonio Risério, para haicai:

[...] poema de origem japonesa com características próprias, porém também com uma série de adaptações formais específicas à poesia de cada país, que se apresente com oriki (especialmente no que tange ao louvor e à ressignificação de atributos dos Orixás).

Exemplo de oriki, em transcriação – processo mais complexo e profundo que a tradução – do pesquisador e escritor Antonio Risério:

Oriki de Oxum

Oxum, mãe da clareza
Graça clara
Mãe da clareza

Enfeita filho com bronze
Fabrica fortuna na água
Cria crianças no rio

Brinca com seus braceletes
Colhe e acolhe segredos
Cava e encova cobres na areia

Fêmea força que não se afronta
Fêmea de quem macho foge
Na água funda se assenta profunda
Na fundura da água que corre

Oxum do seio cheio
Ora Ieiê, me proteja
És o que tenho –
Me receba.

Na Umbanda, os pontos cantados são, entre outros, responsáveis pela manutenção da vibração das giras e de outros trabalhos. Verdadeiros mantras, mobilizam forças da natureza, atraem determinadas vibrações, Orixás, Guias e Entidades. Com diversidade, o ponto cantado impregna o ambiente de determinadas energias enquanto o libera de outras finalidades, representa imagens e traduz sentimentos ligados a cada vibração, variando de Orixá para Orixá, Linha para Linha, circunstância para circunstância etc. Aliado ao toque e às palmas, o ponto cantado é um fundamento bastante importante na Umbanda e em seus rituais.

Em linhas gerais, dividem-se em pontos de raiz, trazidos pela Espiritualidade, e terrenos, elaborados por encarnados e apresentados à Espiritualidade, que os ratifica.

Há pontos cantados que migraram para a Música Popular Brasileira (MPB) e canções de MPB que são utilizadas como pontos cantados em muitos templos.

Finalidade dos pontos cantados	
Pontos de abertura e de fechamento de trabalhos.	Cantados no início e no final das sessões.
Pontos de boas-vindas.	Cantados em saudação aos dirigentes de outras casas presentes em uma sessão, convidando-os para, caso desejem, ficarem juntos com o corpo mediúnico.
Pontos de chegada e de despedida.	Cantados para incorporações e desincorporações.
Pontos de consagração do congá.	Cantados em homenagem aos Orixás e aos Guias responsáveis pela direção da casa.
Pontos de cruzamento de linhas e/ou falanges.	Cantados para atrair mais de uma vibração ao mesmo tempo, a fim trabalharem conjuntamente.

Finalidade dos pontos cantados

Pontos de cruzamento de terreiro.	Cantados quando o terreiro está sendo cruzado para o início da sessão.
Pontos de defumação.	Cantados durante a defumação.
Pontos contra demandas.	Cantados quando, em incorporação, Guias e Entidades acharem necessário.
Pontos de descarrego.	Cantados quando são feitos descarregos.
Pontos de doutrinação.	Cantados para encaminhar um espírito sofredor.
Pontos de firmeza.	Cantados para fortalecer o trabalho que está sendo feito.
Pontos de fluidificação.	Cantados durante os passes ou quando algum elemento está sendo energizado.
Pontos de homenagem.	Cantados para homenagear Orixás, Guias e Guardiões.
Pontos de segurança ou proteção.	Cantados antes do trabalho (e antes dos pontos de firmeza) para proteger a corrente contra más influências.
Pontos de vibração.	Cantados para atrair a vibração de determinado Orixá, Guia ou Entidade.

Exemplo de Ponto das Sete Linhas, na versão cantada no Templo de Umbanda Caboclo Pena Branca e Mãe Nossa Senhora Aparecida, em Piracicaba (SP):

Auê, Pai Oxalá
Salve a Umbanda, salve todos os Orixás
Salve Xangô, ele é rei lá das pedreiras
Salve Oxum, rainha das cachoeiras
Iemanjá, guerreira Mãe Iansã,
Salve Atotô, saravá vovó Nanã
Pai Oxalá...

Salve Ogum, guerreiro de minha fé
Cacique Pena Branca, salve a folha da guiné
Oni Ibejada, Preto-Velho quimbandeiro
Saravá todos os Exus e as Pombogiras do terreiro

Outras publicações

TARÔ DE MARSELHA – MANUAL PRÁTICO

Ademir Barbosa Júnior (Dermes)

O Tarô consiste num oráculo, num instrumento de autoconhecimento, de observação e apreensão da realidade, consultado por meio de cartas.

Como as cartas (ou lâminas, numa terminologia mais técnica), nas mais diversas representações no tempo e no espaço, tratam de arquétipos universais – e o objetivo deste livro não é estabelecer a história do Tarô, o que diversos bons autores já fizeram –, todas as atenções se concentrarão no tipo de baralho estudado: o Tarô de Marselha.

Acompanha um baralho com 22 cartas coloridas, dos Arcanos Maiores.

Formato: 14 x 21 cm – 160 páginas

REIKI – A ENERGIA DO AMOR

Ademir Barbosa Júnior (Dermes)

Este livro resulta, sobretudo, do diálogo fraterno com reikianos, leitores, interlocutores virtuais e outros.

Não tem a intenção de esgotar o assunto, mas abrirá canais de comunicação para se entender ainda mais a vivência e a prática do Reiki.

Nas palavras de Jung, "Quem olha para fora, sonha; quem olha para dentro, acorda.". O Reiki é um excelente caminho para quem deseja viver conscientemente o dentro e o fora. Basta ter olhos de ver e abrir-se à Energia, no sistema Reiki, por meio de aplicações e/ou de iniciações.

Formato: 16 x 23 cm – 192 páginas

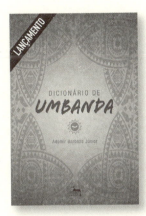

DICIONÁRIO DE UMBANDA

Ademir Barbosa Júnior (Dermes)

Este dicionário não pretende abarcar toda a riqueza da diversidade do vocabulário umbandista em território nacional e no exterior, muito menos das suas variações litúrgicas, das vestimentas, do calendário, dos fundamentos etc., a qual muitas vezes varia de casa para casa, de segmento para segmento.

Como critério de seleção, optou-se pelos vocábulos de maior ocorrência, contudo sem desprezar regionalismos, variantes e outros.

Vocábulos específicos dos Cultos de Nação aparecem na lista, ou porque fazem parte do cotidiano de algumas casas de Umbanda, ou porque se referem a práticas comuns nas casas ditas cruzadas.

Formato: 16 x 23 cm – 256 páginas

UMBANDA – O CAMINHO DAS PEDRAS

Ademir Barbosa Júnior (Dermes)

O resumo desse farto material compõe as narrativas que se seguem, nas quais, evidentemente, preservei as identidades dos encarnados e desencarnados envolvidos, bem como as identidades dos Guias e Guardiões, assim como as dos templos umbandistas.

Para facilitar a compreensão e privilegiar a essência dos casos estudados, cada narrativa é a síntese de visitas, conferências e exibições de casos, sem que se aponte a cada instante qual o método utilizado.

As narrativas possuem caráter atemporal e representam algumas das sombras da alma humana, em constante evolução, com ascensões e quedas diárias. Tratam de situações que ocorrem em qualquer ambiente, recordando o conselho crístico de orar e vigiar.

Formato: 14 x 21 cm – 144 páginas

Outras publicações

NO REINO DOS CABOCLOS

Ademir Barbosa Júnior (Dermes)

Este livro é um pequeno mosaico sobre os Caboclos, estes Guias tão importantes para o socorro e o aprendizado espirituais, cuja ação ultrapassa as fronteiras das religiões de matrizes indígenas e africanas para chegar, ecumenicamente e sob formas diversas, ao coração de todos aqueles que necessitam de luz, orientação, alento e esperança.

Formato: 14 x 21 cm – 144 páginas

ORIXÁS – CINEMA, LITERATURA E BATE-PAPOS

Ademir Barbosa Júnior (Dermes)

Este livro apresenta alguns textos para reflexões individuais e coletivas. A primeira parte dele aborda curtas e longas-metragens em que Orixás, Guias e Guardiões são representados, relidos, recriados. A segunda parte traz propostas de leituras da riquíssima mitologia dos Orixás, como oralitura e literatura. Já a terceira parte deste livro apresenta textos seminais para que se compreenda a história e a luta do Povo de Santo, bem como as alegrias e dores individuais da filiação de Santo.

Possam os textos sempre favorecer o diálogo e, quando necessário, contribuir para o debate.

Formato: 14 x 21 cm – 144 páginas

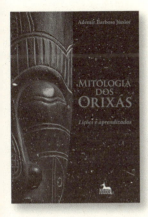

MITOLOGIA DOS ORIXÁS – LIÇÕES E APRENDIZADOS

Ademir Barbosa Júnior (Dermes)

O objetivo principal deste livro não é o estudo sociológico da mitologia iorubá, mas a apresentação da rica mitologia dos Orixás, que, aliás, possui inúmeras e variadas versões.

Não se trata também de um estudo do Candomblé ou da Umbanda, embora, evidentemente, reverbere valores dessas religiões, ditas de matriz africana.

Foram escolhidos alguns dos Orixás mais conhecidos no Brasil, mesmo que nem todos sejam direta e explicitamente cultuados, além de entidades como Olorum (Deus Supremo iorubá) e as Iya Mi Oxorongá (Mães Ancestrais), que aparecem em alguns relatos.

Formato: 16 x 23 cm – 144 páginas

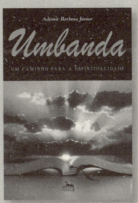

UMBANDA – UM CAMINHO PARA A ESPIRITUALIDADE

Ademir Barbosa Júnior (Dermes)

Este livro traz algumas reflexões sobre a Espiritualidade das Religiões de Matriz Africana, notadamente da Umbanda e do Candomblé. São pequenos artigos disponibilizados em sítios na internet, notas de palestras e bate-papos, trechos de alguns de meus livros.

Como o tema é amplo e toca a alma humana, independentemente de segmento religioso, acrescentei dois textos que não se referem especificamente às Religiões de Matriz Africana, porém complementam os demais: "Materialização: fenômeno do algodão" e "Espiritualidade e ego sutil".

Espero que, ao ler o livro, o leitor se sinta tão à vontade como se pisasse num terreiro acolhedor.

Formato: 16 x 23 cm – 144 páginas

Outras publicações

SARAVÁ EXU

Ademir Barbosa Júnior (Dermes)

Orixá Exu é bastante controvertido e de difícil compreensão, o que, certamente, o levou a ser identificado com o Diabo cristão.

Responsável pelo transporte das oferendas aos Orixás e também pela comunicação dos mesmos, é, portanto, seu intermediário. Como reza o antigo provérbio: "Sem Exu não se faz nada.".

Responsável por vigiar e guardar as passagens, é aquele que abre e fecha os caminhos.

Neste livro o leitor encontrará esclarecimentos e dúvidas como simbolos, cores, planetas e muito mais curiosidades ligados ao Orixá Exu.

Formato: 14 x 21 cm – 144 páginas

LAROYÊ POMBOGIRA MARIA MOLAMBO

Ademir Barbosa Júnior (Dermes)

Como saber a diferença entre diversidade e pseudofundamento? A intuição e o coração amorosos são ótimos guias para as situações mais diversas: não há como errar. Por outro lado, para se trabalhar a mediunidade, em qualquer segmento, em especial nas religiões de matriz africana, é necessário ter orientação, conhecimento e disciplina.

Este livro se propõe a apresentar um mosaico sobre o Orixá Exu, os Guardiões (Exus e Pombogiras) e a Pombogira Maria Molambo.

Escrever sobre Exu e a Esquerda é falar de energia, potência, força, proteção, serviço, fidelidade, dedicação e fé.

Que nos protejam sempre, para que possamos passar por todos os caminhos e encruzilhadas, aprendendo as lições de amor e de dor.

Formato: 14 x 21 cm – 144 páginas

SARAVÁ IANSÃ

Ademir Barbosa Júnior (Dermes)

Iansã é considerada o Orixá guerreiro, senhora dos ventos, das tempestades, dos trovões e também dos espíritos desencarnados (eguns), conduzindo-os para outros planos, ao lado de Obaluaê.

Divindade do rio Níger, ou Oya, é sensual, representando o arrebatamento, a paixão.

De temperamento forte, foi esposa de Ogum, e depois a mais importante esposa de Xangô (ambos tendo o fogo como elemento afim).

Irrequieta e impetuosa, é a senhora do movimento e, em algumas casas, também a dona do teto da própria casa.

Neste livro o leitor encontrará esclarecimentos e dúvidas como símbolos, cores, planetas e muito mais curiosidades ligados ao Orixá Iansã.

Formato: 14 x 21 cm – 144 páginas

LAROYÊ POMBOGIRA MARIA PADILHA

Ademir Barbosa Júnior (Dermes)

Como saber a diferença entre diversidade e pseudofundamento? A intuição e o coração amorosos são ótimos guias para as situações mais diversas: não há como errar. Por outro lado, para se trabalhar a mediunidade, em qualquer segmento, em especial nas religiões de matriz africana, é necessário ter orientação, conhecimento e disciplina.

Este livro se propõe a apresentar um mosaico sobre o Orixá Exu, os Guardiões (Exus e Pombogiras) e a Pombogira Maria Padilha.

Escrever sobre Exu e a Esquerda é falar de energia, potência, força, proteção, serviço, fidelidade, dedicação e fé.

Que nos protejam sempre, para que possamos passar por todos os caminhos e encruzilhadas, aprendendo as lições de amor e de dor.

Formato: 14 x 21 cm – 144 páginas

Outras publicações

SARAVÁ IEMANJÁ
Ademir Barbosa Júnior (Dermes)

Iemanjá é considerada a mãe dos Orixás, divindade dos Egbé, da nação Iorubá, está ligada ao rio Yemojá. No Brasil, é a rainha das águas salgadas e dos mares.

Protetora de pescadores e jangadeiros, suas festas são muito populares no país, tanto no Candomblé quanto na Umbanda, especialmente no extenso litoral brasileiro. Senhora dos mares, das marés, das ondas, das ressacas, dos maremotos, da pesca e da vida marinha em geral.

Conhecida como Deusa das Pérolas, é o Orixá que apara a cabeça dos bebês na hora do nascimento.

Neste livro o leitor encontrará esclarecimentos e dúvidas como símbolos, cores, planetas e muito mais curiosidades ligados ao Orixá Iemanjá.

Formato: 14 x 21 cm – 144 páginas

LAROYÊ POMBOGIRAS CIGANAS
Ademir Barbosa Júnior (Dermes)

Como saber a diferença entre diversidade e pseudofundamento? A intuição e o coração amorosos são ótimos guias para as situações mais diversas: não há como errar. Por outro lado, para se trabalhar a mediunidade, em qualquer segmento, em especial nas religiões de matriz africana, é necessário ter orientação, conhecimento e disciplina.

Este livro se propõe a apresentar um mosaico sobre o Orixá Exu, os Guardiões (Exus e Pombogiras) e as Pombogiras Ciganas.

Escrever sobre Exu e a Esquerda é falar de energia, potência, força, proteção, serviço, fidelidade, dedicação e fé.

Que nos protejam sempre, para que possamos passar por todos os caminhos e encruzilhadas, aprendendo as lições de amor e de dor.

Formato: 14 x 21 cm – 144 páginas

SARAVÁ NANÃ
Ademir Barbosa Júnior (Dermes)

Orixá Nanã é a Senhora da vida (lama primordial) e da morte (dissolução do corpo físico na Terra), seu símbolo é o ibiri – feixe de ramos de folha de palmeiras, com a ponta curvada e enfeitado com búzios.

Segundo a mitologia dos Orixás, trata-se do único Orixá a não ter reconhecido a soberania de Ogum por ser o senhor dos metais: por isso, nos Cultos de Nação, o corte (sacrifício de animais) feito à Nanã nunca é feito com faca de metal.

Presente na chuva e na garoa: banhar-se com as águas da chuva é banhar-se com o elemento de Nanã.

Neste livro o leitor encontrará esclarecimentos e dúvidas como símbolos, cores, planetas e muito mais curiosidades ligados ao Orixá Nanã.

Formato: 14 x 21 cm – 144 páginas

LAROYÊ POMBOGIRA CIGANA SETE SAIAS
Ademir Barbosa Júnior (Dermes)

Como saber a diferença entre diversidade e pseudofundamento? A intuição e o coração amorosos são ótimos guias para as situações mais diversas: não há como errar. Por outro lado, para se trabalhar a mediunidade, em qualquer segmento, em especial nas religiões de matriz africana, é necessário ter orientação, conhecimento e disciplina.

Este livro se propõe a apresentar um mosaico sobre o Orixá Exu, os Guardiões (Exus e Pombogiras) e a Pombogira Cigana Sete Saias.

Escrever sobre Exu e a Esquerda é falar de energia, potência, força, proteção, serviço, fidelidade, dedicação e fé.

Que nos protejam sempre, para que possamos passar por todos os caminhos e encruzilhadas, aprendendo as lições de amor e de dor.

Formato: 14 x 21 cm – 144 páginas

Outras publicações

SARAVÁ OBALUAÊ

Ademir Barbosa Júnior (Dermes)

Orixá Obaluaê é filho de Nanã, irmão de Iroko e Oxumaré, tem o corpo e o rosto cobertos por palha-da-costa, a fim de esconder as marcas da varíola; ou, sendo outras lendas, por ter o brilho do próprio Sol e não poder ser olhado de frente.

Foi criado por Iemanjá, pois Nanã o rejeitara por ser feio, manco e com o corpo coberto de feridas.

Orixá responsável pelas passagens de plano para plano, de dimensão para dimensão, da carne para o espírito, do espírito para a carne.

Neste livro o leitor encontrará esclarecimentos e dúvidas como símbolos, cores, planetas e muito mais curiosidades ligados ao Orixá Obaluaê.

Formato: 14 x 21 cm – 144 páginas

LAROYÊ EXU CAPA-PRETA

Ademir Barbosa Júnior (Dermes)

Como saber a diferença entre diversidade e pseudofundamento? A intuição e o coração amorosos são ótimos guias para as situações mais diversas: não há como errar. Por outro lado, para se trabalhar a mediunidade, em qualquer segmento, em especial nas religiões de matriz africana, é necessário ter orientação, conhecimento e disciplina.

Este livro se propõe a apresentar um mosaico sobre o Orixá Exu, os Guardiões (Exus e Pombogiras) e o Exu Capa-preta.

Escrever sobre Exu e a Esquerda é falar de energia, potência, força, proteção, serviço, fidelidade, dedicação e fé.

Que nos protejam sempre, para que possamos passar por todos os caminhos e encruzilhadas, aprendendo as lições de amor e de dor.

Formato: 14 x 21 cm – 144 páginas

SARAVÁ OGUM

Ademir Barbosa Júnior (Dermes)

Ogum é o Orixá do sangue que sustenta o corpo, da espada, da forja e do ferro, é padroeiro daqueles que manejam ferramentas, tais como barbeiros, ferreiros, maquinistas de trem, mecânicos, motoristas de caminhão, soldados e outros.

Patrono dos conhecimentos práticos e da tecnologia, simboliza a ação criadora do homem sobre a natureza, a inovação e a abertura de caminhos em geral.

Neste livro o leitor encontrará esclarecimentos e dúvidas como símbolos, cores, planetas e muito mais curiosidades ligados ao Orixá Ogum!

LAROYÊ EXU CAVEIRA

Ademir Barbosa Júnior (Dermes)

Como saber a diferença entre diversidade e pseudofundamento? A intuição e o coração amorosos são ótimos guias para as situações mais diversas: não há como errar. Por outro lado, para se trabalhar a mediunidade, em qualquer segmento, em especial nas religiões de matriz africana, é necessário ter orientação, conhecimento e disciplina.

Este livro se propõe a apresentar um mosaico sobre o Orixá Exu, os Guardiões (Exus e Pombogiras) e o Exu Caveira.

Escrever sobre Exu e a Esquerda é falar de energia, potência, força, proteção, serviço, fidelidade, dedicação e fé.

Que nos protejam sempre, para que possamos passar por todos os caminhos e encruzilhadas, aprendendo as lições de amor e de dor.

Formato: 14 x 21 cm – 144 páginas

Formato: 14 x 21 cm – 144 páginas

Outras publicações

SARAVÁ OXÓSSI
Ademir Barbosa Júnior (Dermes)

Oxóssi é associado ao frio, à noite e à lua, suas plantas são refrescantes. Ligado à floresta, à árvore, aos antepassados, Oxóssi, enquanto caçador, ensina o equilíbrio ecológico, e não o aspecto predatório da relação do homem com a natureza, a concentração, a determinação e a paciência necessárias para a vida ao ar livre.

Rege a lavoura e a agricultura.

Na Umbanda, de modo geral, amalgamou-se ao Orixá Ossaim no que toca aos aspectos medicinais, espirituais e ritualísticos das folhas e plantas.

Neste livro o leitor encontrará esclarecimentos e dúvidas como símbolos, cores, planetas e muito mais curiosidades ligados ao Orixá Oxóssi.

Formato: 14 x 21 cm – 144 páginas

LAROYÊ EXU DA MEIA-NOITE
Ademir Barbosa Júnior (Dermes)

Como saber a diferença entre diversidade e pseudofundamento? A intuição e o coração amorosos são ótimos guias para as situações mais diversas: não há como errar. Por outro lado, para se trabalhar a mediunidade, em qualquer segmento, em especial nas religiões de matriz africana, é necessário ter orientação, conhecimento e disciplina.

Este livro se propõe a apresentar um mosaico sobre o Orixá Exu, os Guardiões (Exus e Pombogiras) e o Exu da Meia-Noite.

Escrever sobre Exu e a Esquerda é falar de energia, potência, força, proteção, serviço, fidelidade, dedicação e fé.

Que nos protejam sempre, para que possamos passar por todos os caminhos e encruzilhadas, aprendendo as lições de amor e de dor.

Formato: 14 x 21 cm – 144 páginas

SARAVÁ OXUM

Ademir Barbosa Júnior (Dermes)

Oxum é o Orixá do feminino, da feminilidade, da fertilidade; ligada ao rio de mesmo nome, em especial em Oxogbô, Ijexá (Nigéria).

Senhora das águas doces, dos rios, das águas quase paradas das lagoas não pantanosas, das cachoeiras e, em algumas qualidades e situações, também da beira-mar.

Perfumes, joias, colares, pulseiras e espelhos alimentam sua graça e beleza. Senhora do ouro (na África, cobre), das riquezas, do amor.

Orixá da fertilidade, da maternidade, do ventre feminino

Neste livro o leitor encontrará esclarecimentos e dúvidas como simbolos, cores, planetas e muito mais curiosidades ligados ao Orixá Oxum.

Formato: 14 x 21 cm – 144 páginas

LAROYÊ EXU DAS SETE ENCRUZILHADAS

Ademir Barbosa Júnior (Dermes)

Como saber a diferença entre diversidade e pseudofundamento? A intuição e o coração amorosos são ótimos guias para as situações mais diversas: não há como errar. Por outro lado, para se trabalhar a mediunidade, em qualquer segmento, em especial nas religiões de matriz africana, é necessário ter orientação, conhecimento e disciplina.

Este livro se propõe a apresentar um mosaico sobre o Orixá Exu, os Guardiões (Exus e Pombogiras) e o Exu das Sete Encruzilhadas.

Escrever sobre Exu e a Esquerda é falar de energia, potência, força, proteção, serviço, fidelidade, dedicação e fé.

Que nos protejam sempre, para que possamos passar por todos os caminhos e encruzilhadas, aprendendo as lições de amor e de dor.

Formato: 14 x 21 cm – 144 páginas

Outras publicações

SARAVÁ OXUMARÉ

Ademir Barbosa Júnior (Dermes)

Oxumaré é o responsável pela sustentação do mundo, controla o movimento dos astros e oceanos.

Representa o movimento, a fertilidade, o continuum da vida: Oxumaré é a cobra que morde a própria cauda, num ciclo constante.

Oxumaré carrega as águas dos mares para o céu para a formação das chuvas. É o arco-íris, a grande cobra colorida.

Também é associado ao cordão umbilical, pois viabiliza a comunicação entre os homens, o mundo dito sobrenatural e os antepassados.

Neste livro o leitor encontrará esclarecimentos e dúvidas como símbolos, cores, planetas e muito mais curiosidades ligados ao Orixá Oxumaré.

Formato: 14 x 21 cm – 144 páginas

LAROYÊ EXU TIRIRI

Ademir Barbosa Júnior (Dermes)

Como saber a diferença entre diversidade e pseudofundamento? A intuição e o coração amorosos são ótimos guias para as situações mais diversas: não há como errar. Por outro lado, para se trabalhar a mediunidade, em qualquer segmento, em especial nas religiões de matriz africana, é necessário ter orientação, conhecimento e disciplina.

Este livro se propõe a apresentar um mosaico sobre o Orixá Exu, os Guardiões (Exus e Pombogiras) e o Exu Tiriri.

Escrever sobre Exu e a Esquerda é falar de energia, potência, força, proteção, serviço, fidelidade, dedicação e fé.

Que nos protejam sempre, para que possamos passar por todos os caminhos e encruzilhadas, aprendendo as lições de amor e de dor.

Formato: 14 x 21 cm – 144 páginas

SARAVÁ XANGÔ
Ademir Barbosa Júnior (Dermes)

Xangô é o Orixá da Justiça. Justiça com compaixão: uma vivência cotidiana. Xangô é dança, é expressão, é eloquência em todos os sentidos, não apenas da palavra. Xangô quer falar, rodar, brincar, ser visto.

Orixá do fogo, do raio, do trovão, faísca que pode provocar incêndio. Paixão, devoção, plenitude de potencialidades, fogo que prova de si mesmo e, por isso, não se queima.

Sensibilidade à flor da pele, lava que se assenta para ouvir melhor e argumentar, em vez de explodir, em exercício de impassibilidade de pedra. Montanha que se alcança com passos precisos, pois do alto a vista é maior. Fogo que se alimenta de si: Xangô.

Neste livro o leitor encontrará esclarecimentos e dúvidas como símbolos, cores, planetas e muito mais curiosidades ligados ao Orixá Xangô.

Formato: 14 x 21 cm – 144 páginas

LAROYÊ EXU TRANCA-RUAS
Ademir Barbosa Júnior (Dermes)

Como saber a diferença entre diversidade e pseudofundamento? A intuição e o coração amorosos são ótimos guias para as situações mais diversas: não há como errar. Por outro lado, para se trabalhar a mediunidade, em qualquer segmento, em especial nas religiões de matriz africana, é necessário ter orientação, conhecimento e disciplina.

Este livro se propõe a apresentar um mosaico sobre o Orixá Exu, os Guardiões (Exus e Pombogiras) e o Exu Tranca-Ruas.

Escrever sobre Exu e a Esquerda é falar de energia, potência, força, proteção, serviço, fidelidade, dedicação e fé.

Que nos protejam sempre, para que possamos passar por todos os caminhos e encruzilhadas, aprendendo as lições de amor e de dor.

Formato: 14 x 21 cm – 144 páginas

Outras publicações

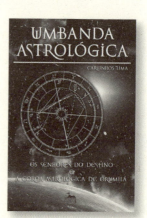

LAROYÊ EXU VELUDO

Ademir Barbosa Júnior (Dermes)

Como saber a diferença entre diversidade e pseudofundamento? A intuição e o coração amorosos são ótimos guias para as situações mais diversas: não há como errar. Por outro lado, para se trabalhar a mediunidade, em qualquer segmento, em especial nas religiões de matriz africana, é necessário ter orientação, conhecimento e disciplina.

Este livro se propõe a apresentar um mosaico sobre o Orixá Exu, os Guardiões (Exus e Pombogiras) e o Exu Veludo.

Escrever sobre Exu e a Esquerda é falar de energia, potência, força, proteção, serviço, fidelidade, dedicação e fé.

Que nos protejam sempre, para que possamos passar por todos os caminhos e encruzilhadas, aprendendo as lições de amor e de dor.

Formato: 14 x 21 cm – 144 páginas

UMBANDA ASTROLÓGICA – OS SENHORES DO DESTINO E A COROA ASTROLÓGICA DE ORUMILÁ

Carlinhos Lima

Este livro trata-se de uma visão do horóscopo zodiacal sobre o prisma da Umbanda, da mesma forma que é uma visão do orixá por meio do saber astrológico. Mas, além dessa interação Umbanda-Astrologia, o livro também foca e revela outros oráculos, especialmente os mais sagrados para os cultos afrobrasileiros que são o Ifá e Búzios. Nesse contexto oracular, trazemos capítulos que falam de duas técnicas inéditas de como adentrar o mundo dos odus, utilizando o zodíaco: a primeira é a Ifástrologia que utiliza-se das casas astrológicas do Horóscopo para alinhar os odus e chegarmos a odus que são responsáveis por nossa existência. E a outra é a soma dos odus utilizando a data de nascimento.

Formato: 16 x 23 cm – 256 páginas

CIGANOS – MAGIAS DO PASSADO DE VOLTA AO PRESENTE

Evandro Mendonça

Na Magia, como em todo preceito espiritual e ritual cigano, para que cada um de nós tenha um bom êxito e consiga o que deseja, é fundamental que tenhamos fé, confiança e convicção. E, naturalmente, confiança nas forças que o executam. Para isso é fundamental que acreditemos nas possibilidades das coisas que queremos executar.

Formato: 16 x 23 cm – 176 páginas

EXU, POMBA-GIRA E SEUS AXÉS

Evandro Mendonça inspirado pelo Sr. Exu Marabô e pela Sra. Pomba-Gira Maria Padilha

A obra apresenta as liberações dos axés de Exus e de Pombas-Giras de modo surpreendente, condensado e extremamente útil. É um trabalho direcionado a qualquer pessoa que se interesse pelo universo apresentado, no entanto, é de extrema importância àquelas pessoas que tenham interesse em evoluir em suas residências, em seus terreiros, nas suas vidas.

E o que são esses axés? "Axé" é força, luz, poder espiritual, (tudo o que está relacionado com a sagrada religião), objetos, pontos cantados e riscados, limpezas espirituais etc. São os poderes ligados às Entidades.

Formato: 16 x 23 cm – 176 páginas

Outras publicações

EXU E SEUS ASSENTAMENTOS

Evandro Mendonça inspirado pelo Senhor Exu Marabô

Todos nós temos o nosso Exu individual. É ele quem executa as tarefas do nosso Orixá, abrindo e fechando tudo. É uma energia vital que não morre nunca, e ao ser potencializado aqui na Terra com assentamentos (ponto de força), passa a dirigir todos os caminhos de cada um de nós, procurando sempre destrancar e abrir o que estive fechado ou trancado.

Formato: 16 x 23 cm – 176 páginas

POMBA-GIRA E SEUS ASSENTAMENTOS

Evandro Mendonça inspirado pela Senhora Pomba-Gira Maria Padilha

Pomba-Gira é uma energia poderosa e fortíssima. Atua em tudo e em todos, dia e noite. E as suas sete ponteiras colocadas no assentamento com as pontas para cima representam os sete caminhos da mulher. Juntas às outras ferramentas, ervas, sangue, se potencializam tornando os caminhos mais seguros de êxitos. Hoje é uma das entidades mais cultuadas dentro da religião de Umbanda. Vive na Terra, no meio das mulheres. Tanto que os pedidos e as oferendas das mulheres direcionadas à Pomba-Gira têm um retorno muito rápido, na maioria das vezes com sucesso absoluto.

Formato: 16 x 23 cm – 176 páginas

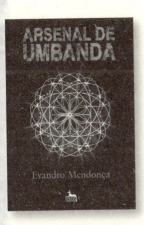

ARSENAL DE UMBANDA
Evandro Mendonça

O livro "Arsenal da Umbanda" e outros livros inspirados pelo médium Evandro Mendonça e seus mentores, visa resgatar a Umbanda no seu princípio básico, que é ligar o homem aos planos superiores. Atos saudáveis como o de acender uma vela ao santo de sua devoção, tomar um banho de descarga, levar um patuá para um Preto-Velho, benzer-se, estão sendo esquecidos nos dias de hoje, pois enquanto uns querem ensinar assuntos complexos, outros só querem saber de festas e notoriedade.

Umbanda é sabedoria, religião, ciência, luz emanada do alto, amor incondicional, crença na Divindade Maior. Umbanda é a própria vida.

Formato: 16 x 23 cm – 208 páginas

ORIXÁS – SEGURANÇAS, DEFESAS E FIRMEZAS
Evandro Mendonça

Caro leitor, esta é mais uma obra que tem apenas o humilde intuito de somar a nossa Religião Africana. Espero com ela poder compartilhar com meus irmãos e simpatizantes africanistas um pouco mais daquilo que vi, aprendi e escutei dos mais antigos Babalorixás, Yalorixás e Babalaôs, principalmente do meu Babalorixá Miguel da Oyá Bomí. São ensinamentos simples, antigos, porém repletos de fundamento e eficácia na Religião Africana; alguns até mesmo já esquecidos e não mais praticados nos terreiros devido ao modernismo dos novos Babalorixás e Yalorixás e suas vontades de mostrar luxúrias, coisas bonitas e fartas para impressionar os olhos alheios.

Formato: 16 x 23 cm – 192 páginas

Dúvidas, sugestões e esclarecimentos
E-mail: ademirbarbosajunior@yahoo.com.br
WhatsApp: 47 97741999

Distribuição exclusiva

www.aquarolibooks.com.br